福建省社会科学普及出版资助项目

Foochow Arsenal Cultural City

中国船政文化城

吴辛迪 周鑫 柯淑芬 编著

中国广播影视出版社

图书在版编目（CIP）数据

中国船政文化城 / 吴辛迪，周鑫，柯淑芬编著. 北京：中国广播影视出版社，2025.4. -- ISBN 978-7-5043-9374-6

I.F426.474

中国国家版本馆CIP数据核字第2025B00271号

中国船政文化城

吴辛迪　周鑫　柯淑芬　编著

责任编辑	王　萱
封面设计	吴辛迪
责任校对	张　哲

出版发行	中国广播影视出版社
电　　话	010-86093580　010-86093583
社　　址	北京市西城区真武庙二条9号
邮政编码	100045
网　　址	www.crtp.com.cn
电子信箱	crtp8@sina.com

经　　销	全国各地新华书店
印　　刷	武汉鑫佳捷印务有限公司

开　　本	787毫米×1092毫米　1/16
字　　数	46（千）字
印　　张	10.5
版　　次	2025年4月第1版　2025年4月第1次印刷

书　　号	ISBN 978-7-5043-9374-6
定　　价	128.00元

（版权所有　翻印必究·印装有误　负责调换）

《中国船政文化城》主创人员

编　著：吴辛迪　周　鑫　柯淑芬
插画设计：易炜其　吴辛迪　刘卓婧　朱涵琪
　　　　　王　琳　柯淑芬　蔡　静　周　鑫
　　　　　谢昕洁　胡雅岫　邱铖婕　柳　捷
　　　　　杨艳鸿　刘滨娜
版式设计：吴辛迪　张佩宇　林秀坍　蔡利宸

吴辛迪，中共党员，高级互联网管理师，福建省教学新秀，福建省工艺美术师，主持教育部及省级课题4项，设计作品获得国际与国家级奖项数十项，在国家级核心期刊发表论文5篇，申请并获得专利30余项，主编出版物1部。

周鑫，博士、副教授、工艺美术师。中国图像图形学学会数码艺委会委员，韩国人类工程协会成员，福建省美术家协会动漫艺委会委员。主持省部级课题3项，主编规划教材1部、专著1部，发表论文10余篇，申请并获得专利2项，作品入选《中国设计年鉴》3项。

柯淑芬，副教授，中共党员，包装设计师考评员，主持教育部国家级课题1项、省级课题2项，发表论文7篇，申请并获得专利1项，参编出版物2部。

前　言

　　"天行健，君子以自强不息"。

　　2012年11月29日，中共中央总书记习近平在国家博物馆参观《复兴之路》展览时说道："大家都在讨论中国梦，我认为，实现中华民族伟大复兴，就是中华民族近代以来最伟大的梦想。"

　　福建船政遗址被誉为中国近代史的活化石，是中国百年努力奋进的缩影，是中华民族世代相传的精神瑰宝。福建船政作为中国近代造船工业的发祥地，近代海军的摇篮，近代中国培养科技教育、军事人才队伍的基地，开创了中国近代高等教育的先河，承载了中华民族的"强国梦"，船政的过去深深映射出"发展才是硬道理"，只有不断发展才能走出一条民族复兴的伟大道路。

　　福建船政创建于1866年，是清代洋务运动的产物，虽因时代所限，辉煌只延续了40余年，却展现了中国近现代左宗棠、沈葆桢、严复、詹天佑等仁人志士为中华民族伟大复兴，不断探寻先进科技教育的光辉历程，折射出中华民族特有的知耻而后勇的宝贵品质，"师夷长技以制夷"的理念、励志进取、博采众长、勇于创新、精忠报国的传统文化精神。

　　本书以图文结合、电脑插画的表现手法，通过描绘福建船政文化城的历史脉络和介绍船政名人图纪的形式，直观展示了1866年以来无数仁人志士探索民族复兴之路所作的种种努力。今天我们循着"中国梦"的时代步伐，以插画绘本的形式梳理福建船政对中国近代历史进程的影响，展示了先辈为中华民族复兴所作的伟大贡献。作为新时代的新青年，我们应当铭记历史、开创未来，沿着福建船政先人足迹，追梦前行。

翁炳峰

2024 年 1 月 1 日

目　录 Content

第一章　总述　　　　　　　　　　1

第二章　船政名人图纪　　　　　　11

第三章　建筑之韵　　　　　　　　27

第四章　创新之魂　　　　　　　　65

第五章　历史之最　　　　　　　　97

第六章　传承之光　　　　　　　　129

第一章

总述

福建省位于中国东南部,是海上交通的枢纽,也是"海上丝绸之路"的起点。福建省海上交通便利,在绵延千年的海外交流中逐步孕育出马尾港、泉州港和漳州港等港口。1866年清政府在福州马尾筹办的总理船政,依托独特的地域文化形成了特有的船政文化,它是近代航海的萌生地,中国近代工业、科技、高等教育的发祥地,是"中国近代海军的摇篮",是中国近代化进程最重要的组成部分。

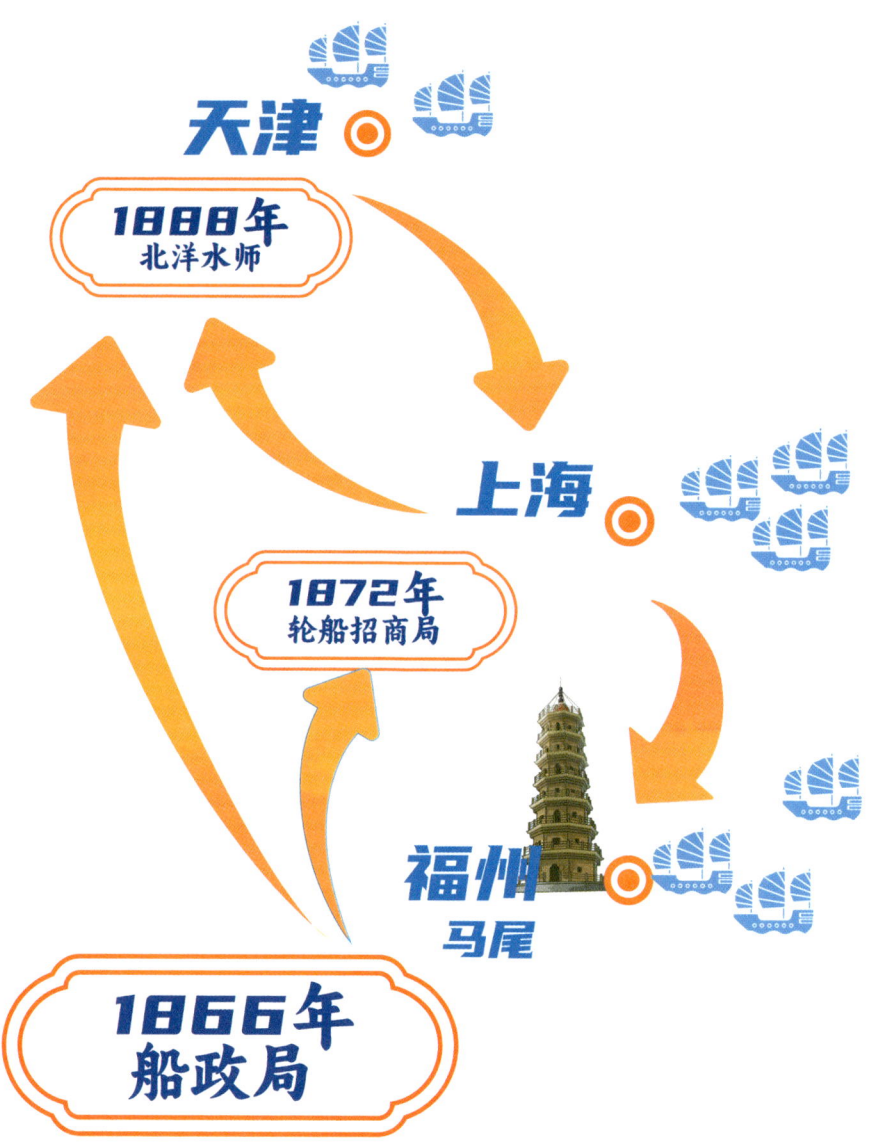

船政文化的兴起和发展，首先推动了中国近代化的进程，促进了工业、教育、文化等领域的进步，对中国的现代化进程产生了重要的影响。

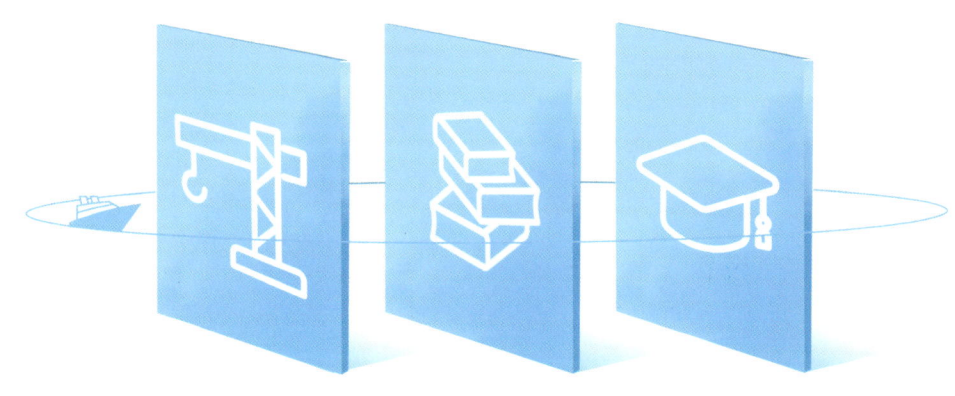

其次，反映了中国近代发展进程中政治、经济、文化等多个方面的变化和发展，凸显了中华民族的爱国主义、创新精神、自强不息等精神内核，对现代社会的内驱力发展进步具有重要的借鉴意义。船政文化是中国传统文化和现代文化交融的产物，不仅承载着中国传统文脉和优秀基因，还吸收了西方文化的先进成果。

因此，船政文化不仅对我国近代史研究具有很高的历史价值，而且对我国传统文化研究也具有独特含义，对中国的现代化进程和文化传承具有非常重要的意义。

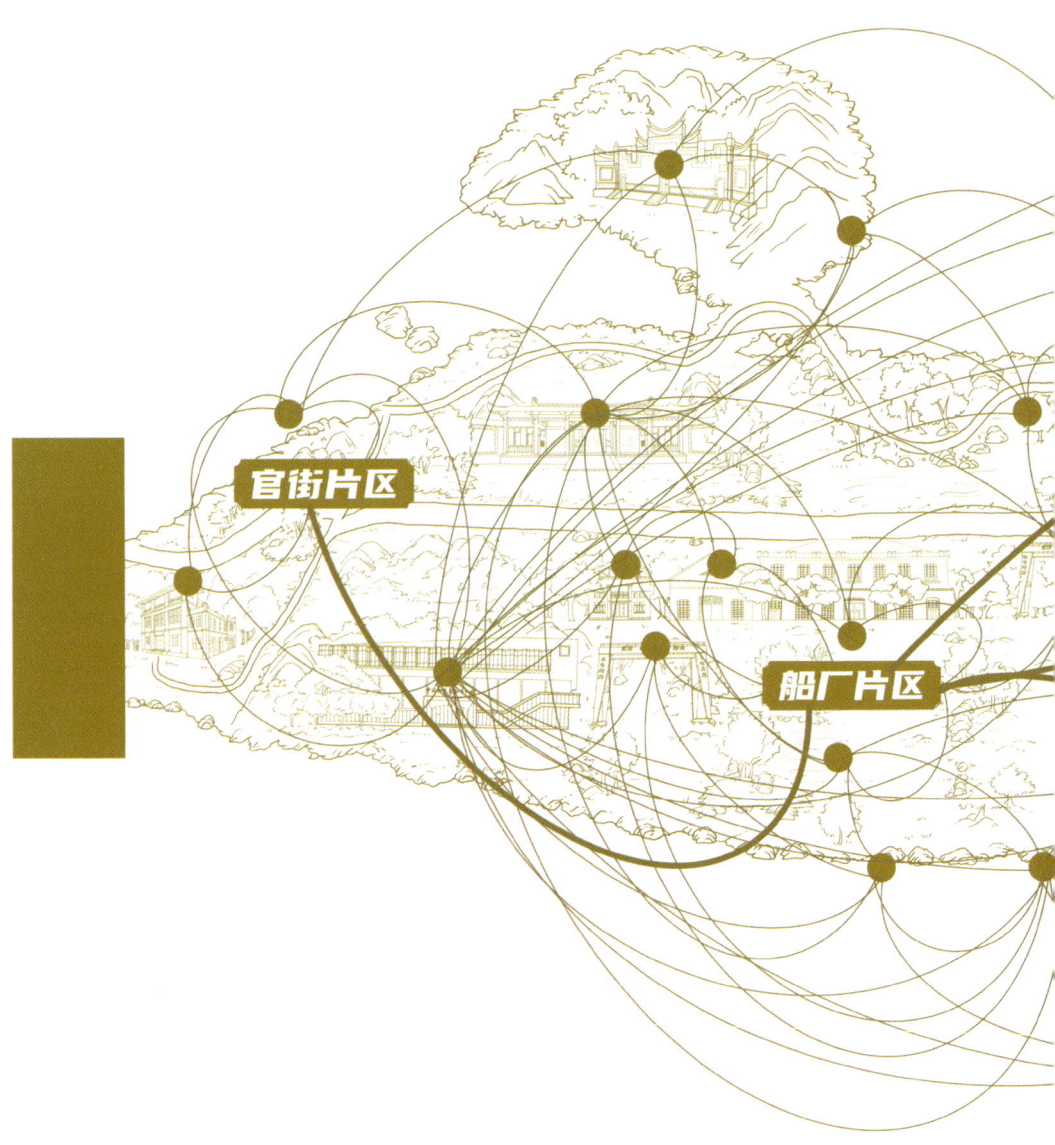

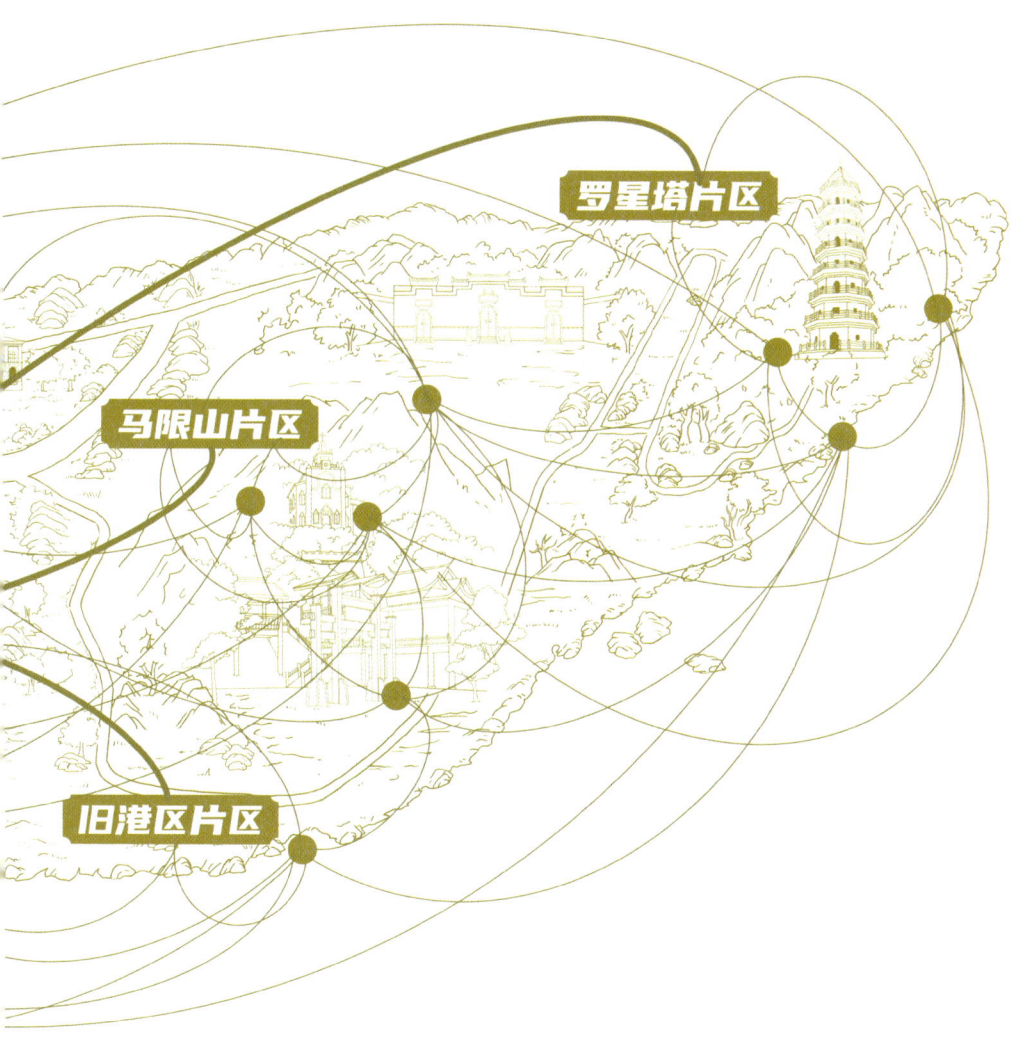

在这片文化城中会聚了近现代众多船政先贤,他们不仅发展了大量的船舶产业,还开设了近现代新式学堂,吸引了大量的优秀人才,他们的爱国精神和创新精神也深深地刻在了中国近代史上。

第二章
船政名人图纪

中国船政文化城名人图纪

闽浙总督 左宗棠

船政文化城名人护照

出生日期	逝世日期
1812年	1885年

姓名	性别
左宗棠	男

国籍	籍贯
中国	湖南

出生地点	学识
湖南湘阴	举人

任职	任职时间
闽浙总督	1863年
陕甘总督	1866年

历史事迹

同治五年（1866年）于马尾择址办船厂，创办求是堂艺局，培养造船技术人才和海军人才。

光绪十年（1884年）中法马江海战后，左宗棠以钦差大臣身份来闽督办福州军务。

签发机关
总理船政

中国船政文化城名人图纪

首任船政大臣 沈葆桢

船政文化城名人护照

出生日期	逝世日期
1820 年	1879 年
姓名	性别
沈葆桢	男
国籍	籍贯
中国	福建
出生地点	学识
福建侯官	进士
任职	任职时间
船政大臣	1867 年
两江总督	1875 年

历史事迹

开办了船政学堂，建成了当时远东地区最大的舰船制造基地，并组建了中国第一支海军舰队。

同治十三年（1874 年）率福建海军赴台抗击日军入侵，保卫宝岛台湾。

签发机关

总理船政

中国船政文化城名人图纪

启蒙思想家

严复

船政文化城名人护照

出生日期	逝世日期
1854 年	1921 年
姓名	性别
严　复	男
国籍	籍贯
中国	福建
出生地点	学识
福建侯官	考试屡列优等
任职	任职时间
船政局教习	1879 年
北京大学首任校长	1912 年

历史事迹

以"物竞天择，适者生存"的理论号召国人救国图存，与天争胜，推动了中国近代国民思想演变。

是中国近代系统地介绍和传播西方资产阶级政治学说和文化制度的第一人。

签发机关
总理船政

中国船政文化城
名人图纪

铁路工程师

詹天佑

船政文化城名人护照

出生日期　　　　　逝世日期
1861 年　　　　　　1919 年

姓名　　　　　　　性别
詹天佑　　　　　　男

国籍　　　　　　　籍贯
中国　　　　　　　安徽

出生地点
广东广州

学识
耶鲁大学土木工程系

任职　　　　　　　任职时间
京张铁路总工程师　　1905 年

历史事迹
1905 年，詹天佑担任总工程师，全权负责新建京张铁路。

签发机关
总理船政

中国船政文化城名人图纪

船政文化城名人护照

出生日期	逝世日期
1851 年	1907 年
姓名	性别
陈季同	男
国籍	籍贯
中国	福建
出生地点	学识
福建侯官	法国留学生
任职	任职时间
以翻译身份随官派留学生入法国政治学堂学习	1873 年

历史事迹

1877 年留学法国,学习外交及国际法律,毕业后被派往德、法等国任外交官。

业余期间将《红楼梦》等名著译成法文出版,还著有《中国人自画像》等书,大力传播中国文化。

签发机关

总理船政

中学西传先驱

陈季同

中国船政文化城名人图纪

船政文化城名人护照

出生日期	逝世日期
1859 年	1952 年

姓名	性别
萨镇冰	男

国籍	籍贯
中国	福建

出生地点
福建福州

学识
福州船政学堂、英国格林威治海军学院

任职	任职时间
海军总长、福建清乡督办	1918 年
当选为中央人民政府军事委员会委员	1949 年

历史事迹

1877 年被选为第一批赴英留学生,入英国格林威治海军学院学习。

回国后任海校教习、舰艇管带、海军提督等职,参加中日甲午海战。

签发机关
总理船政

海军名将

萨镇冰

中国船政文化城名人图纪

振威将军

叶祖珪

船政文化城名人护照

出生日期	逝世日期
1852 年	1905 年

姓名	性别
叶祖珪	男

国籍	籍贯
中国	福建

出生地点	学识
福建闽侯	英国格林威治海军学院

任职	任职时间
北洋水师统领	1899 年
总理南北洋海军兼江南船坞督办	1904 年

历史事迹

1894 年参加甲午海战,率"靖远"舰航海作战。

1904 年主持江南局坞分家,改官办为商办,促进造船业大发展。

签发机关

总理船政

中国船政文化城名人图纪

海军造船总监

船政文化城名人护照

出生日期	逝世日期
1850 年	1929 年
姓名	性别
魏　瀚	男
国籍	籍贯
中国	福建
出生地点	学识
福建福州	赴欧留学、法学博士 工科进士
任职	任职时间
船政总监工	1879 年
海军部造船总监	1910 年

历史事迹

1875年被派赴欧洲考察并留学，在法国研习兵船制造，成绩均列上等，还攻读法律，获法学博士学位。

1915年率团赴美考察飞机、潜艇制造。

签发机关

总理船政

中国船政文化城
名人图纪

航空专家

王助

船政文化城名人护照

出生日期　　　逝世日期
1893 年　　　　1965 年

姓名　　　　　性别
王　助　　　　男

国籍　　　　　籍贯
中国　　　　　河北

出生地点
河北南宫

学识
美国麻省理工学院航空系

任职　　　　　　　　　任职时间
马尾飞机工程处副主任　　1918 年

历史事迹
毕业后就任美国波音飞机制造厂的第一任总工程师，为波音成功设计制造了第一代飞机。

回国后任马尾飞机工程处副主任，主持机身设计。

签发机关
总理船政

中国船政文化城名人图纪

船政局局长

陈兆锵

船政文化城名人护照

出生日期	逝世日期
1862 年	1953 年

姓名	性别
陈兆锵	男

国籍	籍贯
中国	福建

出生地点
福建闽侯

学识
14 岁考入船政学堂第二届管轮班
1896 年，赴美国留学

任职	任职时间
授海军轮机中将衔，任福州船政局局长，兼福州海军学校校长	1915 年
海军江南造船所所长	1926 年

历史事迹
于船政学堂毕业后任职北洋水师，升任主力铁甲舰"定远"总管轮，参加甲午中日海战。

1918 年创设马尾飞机工程处，筹建了中国第一家飞机制造厂。

签发机关
总理船政

中国船政文化城名人图纪

中国航空之父

巴玉藻

船政文化城名人护照

出生日期	逝世日期
1892年	1929年
姓名	性别
巴玉藻	男
国籍	籍贯
中国	内蒙古

出生地点
江苏镇江

学识
美国麻省理工学院航空系

任职	任职时间
马尾飞机工程处主任	1917年

历史事迹

于麻省理工学院毕业后被聘为美国寇提司飞机厂总设计师。

回国后,主持设计制造了中国第一架飞机"甲型一号",随后又设计制造多型飞机,开创了中国的航空业。

签发机关
总理船政

不管是历史名人还是无名的英豪志士，都展现了船政精神，共筑了我们今天先进的工业文化，传承了爱国主义、自强奋进、改革创新、学以致用等中华民族优秀精神。这些内核永远激励着华夏儿女进取奋进，为国之崛起、国之富强而奋斗。

2023年1月，中国船政文化城核心区"格致园"盛大开园，标志着"新与旧"在这里连接、融合，传承百年船政历史文脉，激发当代城市奋发的基因，这座"城"是集文化、旅游、科技、教育等多种功能于一体的综合性城市化景区。这座"城"秉承着"弘扬船政文化、促进文旅深度融合、加强两岸文化交流"的理念，着力引领青年从工业遗址之美、文化历史之魅、地域特色之趣、发展科技之新等角度，在新时代中发现、传承和弘扬中华民族优秀文化。

第三章 建筑之韵

中国船政文化城根据历史建筑保护要求，围绕着船厂片区核心区域打造了船厂片区、旧港区片区、官街片区、马限山片区、罗星塔片区等五大区域。文化城经过古建筑保护修缮和活化利用，将众多船政生产区改造成中国船政文化博物馆、船政书局、轮机车间、绘事院、铁胁厂等重要工业建筑展示区域。通过设计将创新性的科技元素和船政文化相融合，实现了从"外观"特色到内在文化"气质"的蝶变。修复改造后的船政文化遗产以"城"的形式得到系统保护提升，充分展示船政文化的悠久历史和向海图强的奋斗足迹，也为船政文化城的当代城市风采注入新的文旅活力。

左宗棠1866年的提案获得了皇帝的认可，他也被授予建立总理船政事务衙门的职能与权力，因此建立了一座造船工厂以及一所近现代的学校。这一举措标志着中国近代海军建设的开端，承载着重大历史意义，也由此创建了马尾船政区独特的建筑群像。

　　1866年，左宗棠和沈葆桢在福州马尾港创办了"求是堂艺局"，即今日的"福建船政交通职业学院"，旨在提升福建省船政行业的技术水平和管理能力，以及满足当地社会发展的需求。学堂创办初期，就聘请外国教师来教授造船、航海等专业知识，优秀的毕业生还有机会被派往西欧国家进一步深造。船政学堂无疑是中国近代历史上重要的一站，它既是中国近代第一所海军与航海学院，又是第一所现代化的军事学府，培养出许多优秀的海军高层官员与人才，更有一些杰出的学者在中国近代社会中享有盛誉。

"前学堂""后学堂"是船政学堂的两大课程。"前学堂"旨在培养学员的制作能力,"后学堂"则专注于探索航行的奥秘。"绘事院""艺圃"最初是"前学堂"的内容,后来又更名为"学徒学堂""匠首学堂"。在辛亥革命之后,"前后学堂"一支曾多次被重新命名,从最初的海军制造学堂、海军学堂到海军飞潜学堂,最终于1949年迁往中国台湾高雄,更名为海军军官学校。"艺圃"一支,1953年时,由于院校重组,原有的航海专业和造船专业学院,先后更名为"国立福建航海专科学校""上海船舶工业学校",从而结束了这一历史性的学堂名称与职能的多次变革。

　　船厂片区为船政文化城的核心区,总占地面积约250000平方米,其前身为船政的生产区域——船政十三厂,目前厂区当中保留的古建筑有绘事院、轮机车间、铁胁厂、法式钟楼等。

"绘事楼"画馆，也称"绘事院"，始建于1867年。它是一座双层砖石混凝土结构的古老建筑。上层做绘制功用，用来描绘船体的形状、绘制机械的模型，并进行测量和设计；下层是"合拢厂"（安装车间），占地面积1689平方米，安装场地非常宽敞。这里曾经是船政工作者们进行创意构思、绘画草稿的地方，如今已成为一座历史悠久的展馆。绘事院二层高的红砖楼古朴沉稳，历经百年变迁，积淀着厚重的船政设计史，是中国现存最古老的工业设计所。

轮机车间，1867年建成，是全国重点文物保护单位，也是中国现存最古老、保存最完好的工业车间。当年，轮机厂拥有200多台先进的机械设备，包括铣、镗、钻、钳，专门从事轮船的修理、加工及校准工作。1871年（同治十年），在轮机厂房成功生产了中国首台150马力的船舶发动机。轮机车间历时百年的砖石铁木合构的红色西式建筑，在今天仍然高耸挺立，风采依旧。

铁胁厂，1876年（光绪二年）诞生，当时它只是一个简单的铁制品加工厂，十年后它被重新命名，开始制造各种重要的机械零部件，如舰艇的桅杆、桅柱和桅杆支架。1898年，它被重新修缮成一座钢结构厂房，成为中国航空工业的发祥地，是船政史上重要的生产车间。如今结合多媒体、场景化等形式，成为铁胁与飞机制造的专题展示馆，展示有关铁胁和飞机制造的历史。

船政古街，与英国领事馆、圣教医院毗邻，建筑群错落有致，相互呼应。这里集中了船政时期中外建筑的格局特点，有民居、教堂、名人故居、亭、台、阁楼等，形成了一个旅游和休闲相融合的景区。马尾船政古街的设计灵感源自福州的古老文化，它的建造采用多种不同的艺术手法，从古典的亭台、石坊、教堂到现代的科技设施，每个角落都能看到不同的景色，构成独具匠心的街道。古街依山而建，以山水景致为街道设计的灵感，呈现出古朴典雅的风貌。另一个引人注目的建筑特点是融合了中西建筑风格，既有传统中式的房梁砖瓦，又融入了西方风格的廊柱和拱门。这条坐落在马尾区昭忠路上的船政古街，紧邻马限山，俯瞰闽江，令人流连忘返。

格致园，面积约 47000 平方米，于 2016 年 11 月 1 日正式对外开放，主要由切割车间、船政衙门、船政学堂等建筑组成。

切割车间，建于20世纪70年代，原为马尾造船厂的锻造车间，以历史建筑的形式被保留，曾作为印第安摩托馆，现已进入重新展陈布置阶段，期待其可以激发出更多船政文化与当代环境碰撞的火花。

船政衙门，是一个历史悠久的行政机构，它建立于1867年，曾经是船政大臣与其随从处理、讨论公务的地方。位于马尾婴豆山下的节使署，作为清末一个重要的官方机构，不仅负责管理国家的财务，还负责船政钦差的管理和监督，因此，成为当地官员的聚集地。船政衙门前有一道辕门，两侧各立一根旗杆。衙门前座为6柱5间布局，分设中、左、右三道大门，上面绘制了一幅宏伟壮观的门神图。在大厅的中央悬挂着刻有"船政"二字的匾，衙门里面陈列着各种各样的武器。一对镇守在衙门前方的石狮距今已有150多年的历史，它们见证了船政恢宏的发展历程。

马江海战纪念馆，又名昭忠祠，位于马尾区罗星街道昭忠路 1 号（今马尾区马限山东南坡），建筑面积 5988 平方米，是全国重点文物保护单位。

昭忠祠，是一座历史悠久的祠庙，它建于光绪十年（1886 年）。1885 年担任船政大员的张佩纶，请求清廷为中法马江海战中牺牲的士兵建立一座祠庙。同年清廷便发布命令，将"九冢"墓地迁至马限山东南部，次年（1886 年），作为昭忠祠的建设者，裴荫森正式着手组织该祠庙的修建工作。

昭忠祠是一座以中央轴线为基础的古老建筑，它由24300平方米的建筑空间组成，其中包含前天井、拜亭、后天井、祠厅以及相关的管理室，它将马江海战先烈纪念陵园、马限山中坡炮台等景点融入其中，形成独具特色的历史文化景观。祠庙位于山前，面朝江流，宽约八丈，高度减少了九尺，五根柱子并排而立。祠正面八字墙，墙顶有几层翘角，绿色琉璃檐口，斗拱迭涩。大门上方竖写"奉旨祀典"4字，"旨"字提头。横匾楷书"昭忠祠"3字。左边门上方石匾镌刻"雷雨"，右边门上方石匾镌刻"日星"。庙宇的门口还摆着清代的双门大炮，令人感受到一种庄重的气氛。拜亭为重檐，内部圆形藻井。祠堂后厅神龛分3间，祭台座为花岗石材质，高1.35米，宽11.38米。中间祭台座雕刻一圆形"瑞寿"图案，左右各雕刻一圆形"喜寿"图案，四角皆围以蝙蝠图案。在昭忠祠的西侧，还有一座追思亭，位于两座墓碑的中间。

  1886年12月，昭忠祠正式开放使用。到了1920年，海军当局与船政学堂的学生共同筹集资金，大力改造祠庙，新建出一系列精美的景观，包括戏台、楼阁、花厅、回廊，为在甲午中日海战中殉国的福建籍战士设立祠庙，以示尊敬。1963年，福州市文物管理委员会开展了一项具有里程碑意义的昭忠祠的大规模复原活动。1983年，政府拨款将昭忠祠进行了大规模重修。重修的目的是为了抬高地面，以避免水患，并且增加使用面积，在此过程中戏台被改建成了拜亭。1991年昭忠祠被列为青少年德育基地。在今天，昭忠祠已经更名为马江海战纪念馆，成为一座能缅怀先辈的博物馆，展示着福建船政局的发展历程和英勇的战斗英雄的事迹。

潮江楼，坐落在马尾前街 177 号，它是清末的一座古老建筑，曾经是王荷波同志（中国共产党的早期领导人之一和中国工人运动的先驱，曾担任中央监察委员会的第一位主席）在中国共产党早期的一个重要历史工作据点。潮江楼最早是一家茗楼，随着时间的推移，它不仅经营着茶楼，还经营着旅店、餐厅等业务，曾在这里举行过"马江会议"，在 1991 年被列为市级革命历史纪念地，成为一座珍贵的红色文化遗产。潮江楼原本为两层建筑，1930 年马尾发生的一场火灾把官街的商铺都烧毁了，后来由海军部统一重建，因此我们现在看到的潮江楼为重建的三层建筑。潮江楼是一个让人们回顾历史的地方，在这里我们能够感受到革命先辈们为了实现理想而艰苦奋斗的历程和不畏牺牲的精神。

船政天后宫，由三个部分组成：妈祖庙、展览馆和休闲区。其中"德施功溥"和"天上圣母"是船政天后宫的标志性景观，它坐落在福州马尾婴豆山，始建于1868年，宫内的中央大厅内供奉妈祖神像，1929年，天后宫被重新命名为林孝女祠。船政天后宫拥有1500平方米的土地，12米的大门，5个宽敞的大厅，8.3米的入口，以及7000多平方米的建筑空间。这座建筑的结构呈现出一轴两进两院的样子，前面有一座门楼，后面有两座堂屋，分别祭祀妈祖。这座庙宇里的神像雕刻精美，栩栩如生，由中国著名工艺美术师佘国平先生和他的女儿佘向群共同创作，耗时一年才完成。他们运用福州传统的脱胎技术和自身精湛的涂绘技术，将神像的精美细腻完美地呈现出来。

根据文献记载，它不仅仅是福建船政文化的精神象征，更是全球独有的木制天后宫。

罗星塔，是一座雄伟壮观的塔楼，始建于南宋，是中国第七批全国重点文物保护单位。《闽都记》中曾记载宋代有一李氏之女名为七娘，与柳七郎结婚，不幸的是，她的丈夫却因谪戍而离开人世，七娘听说此事之后，不惜出售自己的财物，前往磨心山，建起一座神圣的石塔，为丈夫祈福，由于塔下山石突立水中，回澜砥柱，水势旋涡，如若"磨心"，所以也称"磨心塔"。罗星塔高度达到31.5米，共7层，外观为一个八边形。每一层的檐口均配备了精美的石雕栏杆，以及泻水檐，檐角处安放着一尊八方佛像，檐口处还悬挂着一串叮当的风铃，每当海浪拍打它时，就会响起叮当的声响。罗星塔是世界航海图中重要的航标之一。塔顶的灯火，好像能刺破迷雾，不知疲惫地指引中华儿女勇敢地向着发展之路、富强之路探索。

马限山炮台，建在马尾区马限山东侧山巅，包含上坡、中坡、下坡炮台3座。炮台最初建造于1868年，其基础为三合土结构，呈凹形，配置旧式火炮。1884年，中法马江海战正式开战，福建船只凭借马限山的自然防御，有力地抵挡了法国军舰的炮火攻击，尽管炮台受到了巨大的破坏，却仍有力地抵抗了法国军队对福建的入侵。1887年，由当时的船政大臣裴荫森负责进行了一次彻底的重建。重建时，炮台采用三合土夯筑，并在其正中安装了210毫米克虏伯（KRUPP）型号的后膛火，以及在其左右分别安装了120毫米法华士（VAVASSEUR）型号的后膛火，总共占据了3800平方米的空间。1949年后炮台荒废，几近湮灭。1991年进行了中坡炮台的改建，现为第四批全国文物保护单位。马限山炮台遗址旨在教育中华儿女传承英勇奋斗、绝不放弃、保家卫国的美德。

马尾船厂的龙门吊，20世纪80年代的大型机械，是船厂的标志物，因此龙门吊和塔吊被保存下来作为景观遗迹。夜空下，巨型机械散发着威严雄壮的气势，像可靠的战士一样守护着马尾这片海域。

船政钟楼，船政创立后，为了引入现代时间概念指导船厂作息，特建设了三座钟楼，名为船政钟楼，主要起到了方便船政人员统一时间上下班的作用。第一座钟楼是船政诞生时建造的，在现钟楼的东侧，为单体木质结构，也是中国近代第一座工业钟楼。第二座钟楼建在办公所的屋顶。现存的钟楼是船政历史上的第三座钟楼，是船政局局长陈兆锵于1926年重建的，钟楼照法国样式设计，具有法兰西风格。钟楼呈方形，共五层，高18.7米。底层曾作总务办公室，边长3.94米，钟楼上部层层收分。从第一层到第五层，每层都配备了4根方形的水泥钢筋柱，第三层到第五层更是用钢框架支撑，并在墙壁上涂上了厚厚的防腐漆；第三层到第四层分别建造了一个大型的入口，入口处配备了一条带有铜质花纹的走道；第五层的正面每面都安放了一座时钟，它们的直径是1米，是在造船厂的仪器室里精心打磨的，楼上还安装了风向仪和指南针。但很可惜，1938年它们在空袭中被损坏，直到1984年才得以修复。如今船政钟楼还伫立在船政文化城造船厂内，带领国人拂去历史"封尘"，亲眼见证船政时代新的开始。

中国船政文化博物馆，作为中国首家致力于发掘和传播船政文化的博物馆，于 2023 年改建于中国船政文化城船厂片区的中心地带。船政博物馆中设有多个不同类型的展馆，从序厅到船政概览，再到船政产业，再到船政教育，最后到海上生活，还有船政名人堂。船政博物馆详尽地阐述着中国船政的厚重文化，船政作为推动中国近现代文化发展的重要机构，有力推动了中国的科技发展，还促进了中国的工业生产，并将中国的优秀文化和历史遗产带给世界。博物馆展示着船政作为中国近代化的一个重要里程碑所建立的过程，它不仅象征着中国人民自强不息、努力进取、信念坚定的追求，还体现出中华民族的坚韧不拔、谦逊谨慎、敢于挑战和奉献的优良品质，更凝结了中国传统中最根本、最具活力的部分，它将继续推动中国的发展和进步。

船政文化中所有的物质与非物质资源都值得被保护，遗产中留存的造船有关的生产活动和船政精神，通过中国船政文化城的系统化管理后，国人更能身临其境地感受船政环境与船政场所，沉浸式体验它的活力文脉，通过建筑与历史直接对话，感受到造船工业文明的延续，从而从内心深处、行动实处为中华民族的伟大复兴贡献一份力量。

第四章

创新之魂

在 19 世纪中叶，由于列强侵略，"神威远震"和"天朝上国"的中国被迫签订了许多令中国受到侮辱的不平等条款。这让所有国人感到屈辱，当时的人们致力于找到一种让中国变得更加繁荣昌盛的方法。于是，"师夷长技以制夷""船政之兴衰在于人才的培养"《水师法》以及《船舶管理法》的提出，使得海洋安全的重要性受到了广泛的关注，并且"防海之害而收其利""设局监造轮船不可"的观点也得到了普遍的接受，推动着国家的发展。

清同治五年，左宗棠建立总理船政后，轰轰烈烈地进行了建船厂、造兵船、制航空器、创办学校、引进人才、派学童出洋学习等各种"富国强兵"活动，培育了一大批杰出的近代工业科技人才和优秀的海军官兵。他们也曾先后投身于近代以来我国的军事、人文、科学、外交、经贸等方方面面，并紧随当时世界发达国家的脚步，促进着我国造船、电灯、电讯、轨道交通、航空制造业等近代制造业的出现和发展。他们吸纳西方先进科学技术，宣传中西文化，推动了我国近代化进程。他们直面列强，在谈判桌上力排众议，在疆场上血战到底，保家卫国。严复、詹天佑、邓世昌、沈葆桢等一大批爱国仁人志士，让世人真正认识了中华儿女的民族气节、精神与智慧。福建船政在晚清的存在年限虽只有 41 年（1866 年至 1907 年），即便加上之后存续的年限，前后总共也才 83 年，却在工业领域、高等教育、海防建设、文化传播以及精神财富等领域创造了我国近代工业史上的 50 多项第一次，由此可见马尾船政交出的成绩卓越斐然。

4.1 工业制造

福建船政是近代以来我国最早专业生产船舶的工厂,从帆船发展到现代船舶,体现了我国造船技术的迅猛发展。

福建地方船政的创建者（包括左宗棠、沈葆桢等）胸怀宽广、高瞻远瞩，他们都认识到通过办厂造船，兴办洋务，是推行"师夷长技以制夷"理念的最有效方法。随着"借才异域"的实施，中国船政迅速崛起，从西方国家引进了大量的人才和先进的机械设备，使得当时中国拥有了甚至是整个东亚地区最大、最完善的造船工厂，劳动力资源达到了3000多人。

他们指出，由于当时的法兰西生产轮机等工艺技术都相当领先，故首先聘用了法兰西人日意格和德克碑分别为正、副监督，并在法兰西聘用51名技师和劳工，以教导华人工匠生产轮机。当时与西方官方签署的保约规定，"外国工匠必须按照现行的技术标准和造船程序，熟练掌握技能，以便制造出符合要求的轮船。外国工匠还需教我国工匠学习科技常识，通一切船主之学，能自监造、驾驶。"有了先进的技术支持，船政工业制造水平飞速提升。

1867年，外购的机械设备陆续从欧洲抵达马尾，船政为解决进口7台轮机安装、合拢，同时也不能延误生产轮机的问题，决定建造南、北两个轮机厂，每座轮机厂厂房面宽20米，总长60米。南轮机厂主要用来安装、合拢进口七台轮机，而北轮机厂则用来制造轮机。船政在1868年建成并进行制造，通过引入法国的科学技术和人员，最终掌握了仿造船体、动力机械以及相关零配件的工艺技术。比如，动力器械的生产是由绘事院、木模厂、打铁、铸铁、轮机厂、合拢厂、水缸厂等各车间分工合作进行，其中，合拢厂相当于生产总装车间。中国船舶行业的创业者利用法国的先进设备，成功地模拟150马力的蒸汽机与相关的锅炉，对中国船舶的发展具有深远影响。此后，随着中国船舶行业的不断进步，中国船舶行业的技术实力不断增强，从单纯的木壳船型，一步步演变成铁壳船、钢甲船，最终成为"为中国制造肇端之地"中的佼佼者。

福建船政从1869年6月10日的第一艘舰船"万年清"号下水开始，直到1907年停工之前共生产出大小44艘兵、商轮船，主要装备于清朝的北洋、南洋、广东省等水师。"万年清"号的主要装备有：克虏伯260毫米前炮1门、克虏伯150毫米副炮2门、57毫米诺典费尔德炮2门、47毫米单管哈乞开斯速射炮2门、37毫米5管哈乞开斯机关炮4门、18寸武器发射管4具。这说明这艘舰艇防护力量较强，可进行远海战斗。

1888年建造的"龙威"号（"平远"号）舰是船政修建的第一艘受钢甲保护的舰船，代表着其船舶建造的最高水平。舰只总长59.99米、宽12.19米，一般排水量为2150吨，满载排水量达2640吨，额定乘员202人，超过了仿造的俄罗斯军舰。动力系统使用了两台由上海船政生产的三胀往复式蒸发机，轮机速度每分钟80转，并配套采用四座圆形高式燃煤锅炉，每座有两个炉门。

"龙威"号前炮为260毫米克虏伯,其钢箍套炮力量很大,大炮管身长9100毫米,装配有钢弹、开花弹、子母弹,钢弹在274米的距离内,能够击穿571毫米厚的钢材。主发动机工作动力为2400马力,双轴推动,最高航速10.5节,舰艇上煤舱的设计容积为350万吨,远远高于俄罗斯舰。1889年9月28日,"龙威"号试航成功。这艘从未使用任何外国工匠所制造的舰船编入北洋水师序列,1989年12月,李鸿章将舰名改为"平远"号。福建船政首届毕业生李和被委任为该舰管带,船政前学堂第一届学生和船政第一批留欧学生在"龙威"建造过程中起到了很大作用。

福建船政在 1866 年至 1907 年，从第 1 艘船到第 44 艘船，是从仿制往复式蒸汽机到独立建造近代船舶的历史性发展，福建船政的成就为我国的船舶史和机械制造史都作出了重要贡献。

4.2 高等教育

福建船政学堂创立于 1866 年 12 月,倡导者左宗棠称之为"求是堂艺局",旨在贯彻实事求是、经世致用的精神理念。沈葆桢继续发扬"不重在造而重在学"的精神,并进一步提出"船政根本在于学堂",以此来实现船政学堂的创办思想。船政学堂的创办理念表明创导者的主要任务就是使我国青年掌握近代科技理论知识,并了解船舶的制作与行驶技术,然后"展转传授,传习无穷";掌握西洋科技,并熟悉其基础知识和科学原理,"穷其制作之原,通其法意"。船政办学的主要目标是,培训船长和造船技术人员,打造出"将来水师将才所自出"的学堂。

船政学堂是专门的技术学校,这对传统的教学来说是一种重要改革,是巨大的进步。在学堂创办年间,陆续聘请了 4 批法文技师和英籍教员,教授造船、驾车、外语等,设置制作(造船)、制图(工程设计)、艺圃(技工)、驾车、轮机、电讯等课程,构成较为完备的船政教学体系。学堂所开展的教学内容大致如下:

(1)前学堂。掌握造船生产技术,开设法文、计算、代数、画法几何学、分析几何学、三角、微积分、物理、机械工程及重学、水力学、材料机械、造船生产、舰船制作技术等课程。

(2)后学堂。掌握船舶驾驶与轮机管理专业,要求掌握英文、算术、几何学、代数、平面三角、球体三角、航海天文学、飞行理论与地理等领域的知识,以及制图、发动机绘制,水上操作轮机规则、说明器、盐重计等仪表应用,并开展航海技能、战斗技能、行动指导等工作训练。

艺圃是专门培训初级技术和管理人员的技工部门,艺徒勤工助学,重点掌握语文、算术、几何学、机械制图等,同时也注重实践性,要求除理论学习外,必须上船进行航海实习。三年的理论课程结束之后,艺圃的学生将开始进行航海训练,包括"福星"号、"建威"号、"扬武"号舰船的驾驶和其他一些常见的航海技能,如舰艇操纵、火力控制、雷达测量、桅杆安装以及其他相关知识。当时艺圃教学还会邀请来自世界各地的专业人士进行实地演示,让学生能够熟悉各种情况,并能够熟练地操作这些工具。

绘事院是我国最早的船舶设计机构，设在轮机厂的合拢厂(施工厂房)楼上，既是船政制造的主要部门，又是船政技能教学的重要部分。在第一年学业完成后，前学堂的部分学生被分配到绘事院学习制图，叫作"画童"。画童们需要掌握法文、算术、几何学和画法几何等基础知识，并专攻150马力船用蒸汽机的测绘，同时每日还需有相应的车间劳动时间，近距离接触蒸汽机以及相关的机械设备，画童毕业后大多留在绘事院工作。1875年，首届毕业生汪乔年、吴德章等人绘制了50马力蒸汽机以及驱动的舰船等图样，并建造成"艺新"号舰船，这说明绘事院培养的人才具有基本的测绘与工程设计能力。但直至19世纪90年代，船政还是以模拟外国舰只研制和购买外国原料等为前提进行制造，在以外购舰只为主力的北洋水师中，教学与实践水平也只居次要位置。而代表中国近代船政最高造舰水准的"龙威"号（"平远"号）舰的成功建造，标志着船政教育体系更加完备，先进的教育理念也得到实践。

育才方面包括：（1）精选学生。每次招生采取"广报精收"的方式，考试非常严格。（2）严选教师。这相当于中国新建的一所大学，它首先雇用了许多来自世界各地的英语和汉语教师。然而，随着时光的推移，"传道解惑"的教师开始被中国著名的文化名流，例如严复、郑清濂和魏瀚等所取代。这些教师被要求既能够提供优质的"传道解惑"课程，又能够展示他们的优秀品质。（3）为了确保学校的良好秩序，福建船政学堂加强了对学生思想品德的培养，并且实行了严格的监督制度。一旦发现任何违反规定的行为，都会进行处罚，并且要求违反规定三次以上的淘汰。（4）船政学堂主张将基础理论与实际操作紧密联系起来，学子们由于在平日的课业中受到了极大的鼓舞，并且他们在实习时受到了极其严苛的要求，因此他们拥有了高超的业务能力。他们将敏锐的思维、坚韧的精神以及永恒的渴望，融入了学习之中。令一位法国工程师深受感动，他称之为"中国人的特点"。船政学堂的学子们就算到了国外就读也仍然如此，如1877年第一批12名留英海军生，就读三年内全都成绩优秀，在结业评结中：严宗光（严复）"考核屡优"，蒋超英"造诣最深"，刘步蟾、林泰曾"业绩优良"，何心川、方伯谦、林永升、叶祖珪、萨镇冰"于行军布阵及各项战法无不谙练"，黄建勋、林颖启、江懋祉"专注教学"，让外国士官吃惊。1879年他们先后学成归国，服务于海军建设。

船政学堂自创办到清王朝被推翻为止，40余年间，一共培养毕业生510名，包括：制造（造船）专业143名、驾驶专业241名、轮机专业126名。毕业生中除选派人员赴海外学习之外，基本上都在船政造船厂、船政学堂以及海军船舶上工作。

绘事院

船政绘事院设立于1867年，以红砖、条石及木梁建造而成，整个建筑占地面积600平方米，室内横向各开4个长方窗，纵向各开7个长方窗，空间宽敞，光线充足。100多年前，这里是中国第一代船舶技术人才诞生的摇篮，一幅幅船舶设计图纸就是在这里诞生。

4.3 海防建设

在 19 世纪 70 年代，随着马尾船厂的发展壮大，清廷下达指示，要求沈葆桢组建南洋和福建两支水师队伍。为了满足船只制作所需的原材料，沈葆桢采取开采矿物、建立工厂、冶炼铁钢等各种措施，最终实现了"师夷长技"的自给自足。

1875 年，沈葆桢在原江南水师的基础上，加入现代机械炮舰，创建南洋水师，踏出了建立近代化海军的第一步。南洋水师负责维护中国江浙地区的海洋安全，其中上海市和南京市是其最重要的港口基地，负责执行各项海上任务。至 1884 年，经近十年发展，南洋水师已具有相当规模，装备有千万吨以上舰艇 17 艘，总吨位两万余吨。军舰大部分由江南制造局和福州船政局生产，以"国产"制造为主，仅少量购于英国和德国。这些现象一方面与洋务派"师夷长技以制夷"的指导思想密切相关，另一方面是因为资金限制导致。南洋水师吨位最大的中心舰船为三艘开济级巡洋舰，该舰船体由法国设计，但整体由福州船政局建造。为了便于海洋战斗，舰头设有铜制撞角，舰体前端设有巨大的 210 毫米克虏伯炮，并配备了风帆索具。虽然其船体为铁胁木壳，没有配制钢制甲板，但也实现了"与铁甲船相辅并行，为用甚大"。当时的南洋水师虽然还没有经过战争检验，但也声名远扬。

1885年1月,法兰西在入侵越南后又想侵占台湾岛。南洋水师奉令,派遣开济、南琛、南瑞、澄庆、驭远五艘舰艇援助福建,并赴台支援。但在半路上突遇法国六艘舰船拦截,而这时南洋水师诸舰因觉得和法舰比较战力差异太大,所以不敢应战,也因此不战而退。其中"开济""南琛""南瑞"三艘舰艇速度较快,径自开往宁波镇海,摆脱了法舰的追赶,并据有利形势,在近岸炮台的支援下,终于击退了法舰的进攻,迫使敌军撤离。而速度缓慢的"澄庆"和"驭远"两舰看到形势不妙,便驶向较近的石浦港湾,被法舰封锁于港湾内。因为二舰船员贪生怕死,于是在法舰发动进攻后选择自沉军舰后上岸逃跑了。这次作战不仅说明了水师上下临战畏惧,缺乏战斗精神,战斗力水平低下的现实状况,也暴露出南洋水师装备上的差距。

战后的1885年7月,时任两江总督的曾国荃提出了重振南洋海军的宏大规划,开出了购置数十艘铁甲舰、巡洋舰和鱼雷艇的一系列清单,所需费用由江西等五省份缴纳,但该计划被清廷搁置了。甲午战争结束之际,清朝的海上力量几乎完全丧失,因此,1909年,大清当局将原有的两洋水师——南洋水师、北洋水师重组,并将其中的舰队重新编组,改编为巡洋舰队与长江舰队,至此大清的南洋舰队彻底陨落。

虽然南洋舰队最终消亡了,但左宗棠负责创建的福州船政局,通过引进人才、设备、技术等,学会了现代工业制造技术,培养了大批技术专家和员工,成为近代中国现代制造工业的重要基础。

4.4 文化传播

船政时期著名先贤严复自幼在福州长大，12岁时凭借优异的表现，顺利考入了船政学堂。七年后，严复凭借卓越的表现，顺利完成了求学之旅。23岁时，严复与刘步蟾、萨镇冰等船政学子一起，赴英国深造，研究海上航行的技能。后来，刘步蟾、萨镇冰这些知名的海军将领，却因"师夷长技以制夷"的理念而改变，开始深入研究当时的资本主义社会，并且痴迷于亚当·斯密、孟德斯鸠、卢梭等著名思想家的著述。严复则深入探究英法富强的背景，并与郭嵩焘一起探讨有关中国的问题，例如"西方人筋骨皆强，中国不能"等，他在1878年出版的《沤舸纪经》中指出：与西方发达国家强调的强化体能锻炼不同，中国的学子更加关注的是培养精神与品质，而不仅仅局限在学业上。

魏瀚在法兰西学习造船之余，还投身西方的人文科学，最终获得欧洲第一位法律博士的荣誉。陈季同受邀前往巴黎自由政治学院，担任驻法国大使，十几年来，他促进了中西方文化的交流，将中国的优秀传统和精髓传播给巴黎的贵族，甚至将其多次发表的演说改编成《中国人自画像》，从而彻底颠覆西方对中国的歧视和轻蔑，让巴黎的民众更加热爱中国的历史和传统。陈季同的《中国人的快乐》《吾国》以及其他多部作品已经被翻译成英文、德文等多种文字，畅销全球。特别是，陈季同首次将中国古典文学《聊斋志异》翻译为法文，开创了中国人翻译出版本国古典小说的先河。

回到祖国的船政学子，除了致力于拯救中华，也在推动国家发展和普及知识的过程中发挥着重要作用。1897年，严复首次将以"物竞天择""适者生存"为主要思想的《天演论》的原著编译并发表，这一著作也迅速流传。严复在翻译的著作中深入探讨亚当·斯密的《原富》、斯宾塞尔的《群学肄言》、孟德斯鸠的《德意》，并将这些思想融入"三民主义"中，从而将中国的思想文化带向世界。1897年，严复又发起《国闻报》，重视公正，宣扬新思想。罗丰禄的《海外名贤事略》是一本采用西班牙语言的书，旨在帮助中国应付海关问题。王寿昌是一位来自船政学堂的法语专业人士，他是口译《茶花女》的第一人，并经过林纾的精心修订，最终发行。随后，《茶花女》的悲剧性主题和勇敢的精神吸引了众多读者，成为中国近代文学翻译的重要作品。陈季同于1897年在上海市发起《求是报》，将《拿破仑法典》进行编译，以此推动社会改造。

无论是中外合作，还是从外部引进，船舶工程师始终坚持打破既定的观念，探索适应时代发展的新模式，以期获得更大的影响力，并赢得更多的国际认可。

4.5 精神财富

船政文化作为"洋务运动"的重要推行成果，旨在推动中华文化和社会发展。福州船政首次将西方现代科技带入中国，并且是中国近代教育体系中一个重要节点，标志着中华文明近代化的开始。

"天行健，君子以自强不息。"尽管由于时代限制，福建船政的光辉只持续了40余年，但船政人以其坚韧的民族自强精神，艰苦奋战，开拓创新，创造了许多前所未有的光辉业绩。中华民族近代海上的发展也因此取得了巨大的成就，从首批舰船的制造、首批海上舰队的组建、首批飞行器的R&D、船政学校的创立，到一大批技术人才、社会科学人才的培养，以及许多仁人志士的涌现，都体现出中华民族特有的坚韧不拔、汲取各家之长、谦逊学习、敢于革新、忠诚报国的优良品质，并为中华民族的思想解放、改革开放和现代化进程作出了重要贡献。

在追溯福建船政成立与发展的历程，总结船政文化的基本内涵、社会影响和历史价值时，我们也应看到船政文化对我国近代发展的贡献。船舶管理文化不仅反映出当地的社会政治与经济状况，还为当地的社会发展带来了深远的影响，它与时俱进，不断发展，具备多样的内涵及独具一格的风格。从实际看，这涉及工业制造、人才培养、水师建设等。从长期发展来看，这涉及引入西方的科技与人文知识，借鉴西方的企业经营模式和教育制度，将我国传统教育和西方当代教育方法紧密结合起来，完成了从旧学到新学的过渡、由中学到"中体西用"的转变，从而培育出一批新兴的人才。这也是船政文化的产生给后人带来的深远影响。船政文化中所反映的自立自强、追求科学、开拓创新、学习进取、崇尚卓越、爱国忘我等时代精神，由船政人薪火相传，永放光辉。

第五章
历史之最

想要了解船政文化的百年传奇离不开近代工业产业留下的众多历史文物与开创先河的事件。福建船政造出了第一条木壳兵商两用船"万年清"号、第一条钢甲巡洋舰"平远"号（原名"龙威"号）、第一条鱼雷快船"建威"号、第一条巡海快船"开济"号、海上航空部队第一架国产战斗机；开办了我国近代第一所海军学校，送出一批留学人员，第一次引进外国科技人员；组建我国第一支海军舰队，曾是东南亚主要的船舶建造培训基地等。这不仅是福建民众积淀百年的文化骄傲，更是中华民族代代相传的民族精神。

现今船政最具代表性的历史文物都依序陈列于中国船政文化城中,当中的历史建筑都被细心修缮与保护,最终以最初的状态有序坐落于"城"中,每一处标志性建筑都允许人们近距离地走入其中,沉浸式体验当年的船政风貌。随着时间的推移,越来越多的古老的历史文物,包括船舶模型、艺术作品、古籍、笔记本、古籍图片以及具有典范意义的实体,正在被纳入新的博物馆系统,以"序厅""自强之道""闽都瑰宝——船政文化揽胜"的形式展示出来。新船政文化博物馆中共收藏船政文物900余件,博物馆联通"城中"大型的文物展品,向人们真诚诉说着船政文化丰富的历史内涵、展现着船政文化厚重的历史魅力,造就了船政文化中不可忽视的"船政之最"。

"船政为中国造船创始之厂"是中国近代以来第一次将学术理论与实际应用相结合,是以马尾船政为代表的远东地区最大的造船产业基地,它将造船产业与"海上丝绸之路"紧密联系起来,开创了一种全新的学习方式。这些"知"与"行"造就了闪光的思想,革命的贡献,先进的发明,精湛的技艺,非凡的创造,由此在这里开创了中国造船的数个第一。

5.1 船政造船厂的数个第一

第一艘千吨级兵商舰船"万年清"

1868年,沈葆桢为了完成这艘木壳蒸汽船"万年清"号船的建造,特别邀请法国工程师和技术工人,以示范的方式,一步一步地指导中国工匠,让他们掌握基本的施工技能。"万年清"号出海试航时,从管驾、引水到管轮、水手,已经全部是中国人。

1869年6月，福州船政的第一艘千吨级蒸汽舰船"万年清"号成功下水试航、试炮，它填补了中国自行制造轮船的空白，也是中国第一艘战舰，被视作中国近代海防工业起步的标志性开端。

中国自制第一艘远东最大巡洋舰"扬武"号

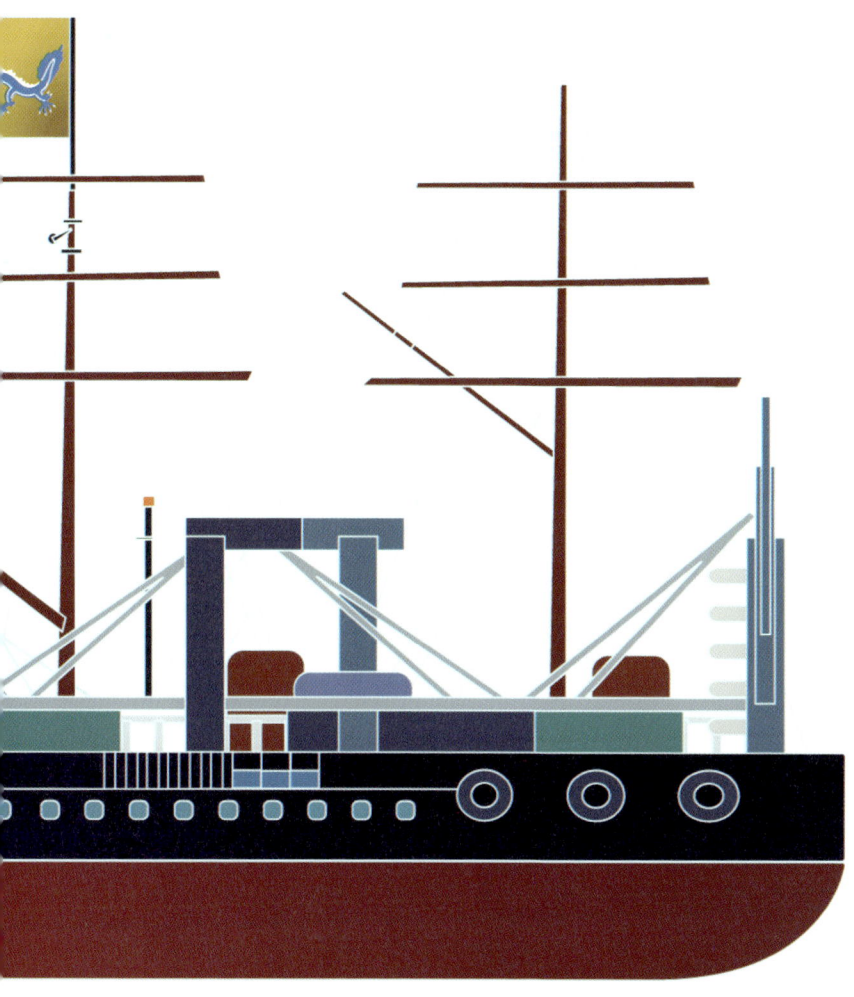

1872年4月23日,福州船政局在短短12个月内,以惊人的速度完成了第七号舰("扬武"号)的制作。它不仅是中国第一艘巡洋舰,而且还以惊人的速度和价格低廉的材质获得了巨大的投资回报,总计花费了25.4万两白银。

1884年8月23日，中法马江海战开始，激烈的战火导致福建水师的11艘战船在这场战争中惨遭摧毁。此战役法舰队击毁了靠岸19艘运船、岸上设施及船厂，福建水师阵亡官兵796人。战斗中"扬武"舰率先向法舰发炮还击，第一发即命中法军旗舰"窝尔达"号舰桥，并砍断锚链与法舰周旋。虽然法军45号杆雷艇使用杆雷击中"扬武"舰，"扬武"舰舷侧被炸开了一个巨大的缺口，船体进水开始下沉，但"扬武"舰在下沉过程中仍奋力还击，击伤1艘法国杆雷艇。在沉入江中的最后一刻，一名水兵奋力爬上主桅，升起一面黄龙旗，昭示着福建水师宁死不屈的精神。

中国第一艘铁胁船"威远"号

"威远"号是中国建造的第一艘铁胁木壳兵船。1876年9月2日,"威远"号开始建设,1877年5月15日"威远"号下水,同年9月完成建造,由于采用的材料不符合需求,最终的成本高达19.5万两白银。"威远"号属于威远级巡洋舰,它的同类舰艇包括5艘,但随着北洋船队的扩张,它被调往训练船队。1884年,它正式由方伯谦领导指挥,帮助清朝镇压朝鲜甲申事变。

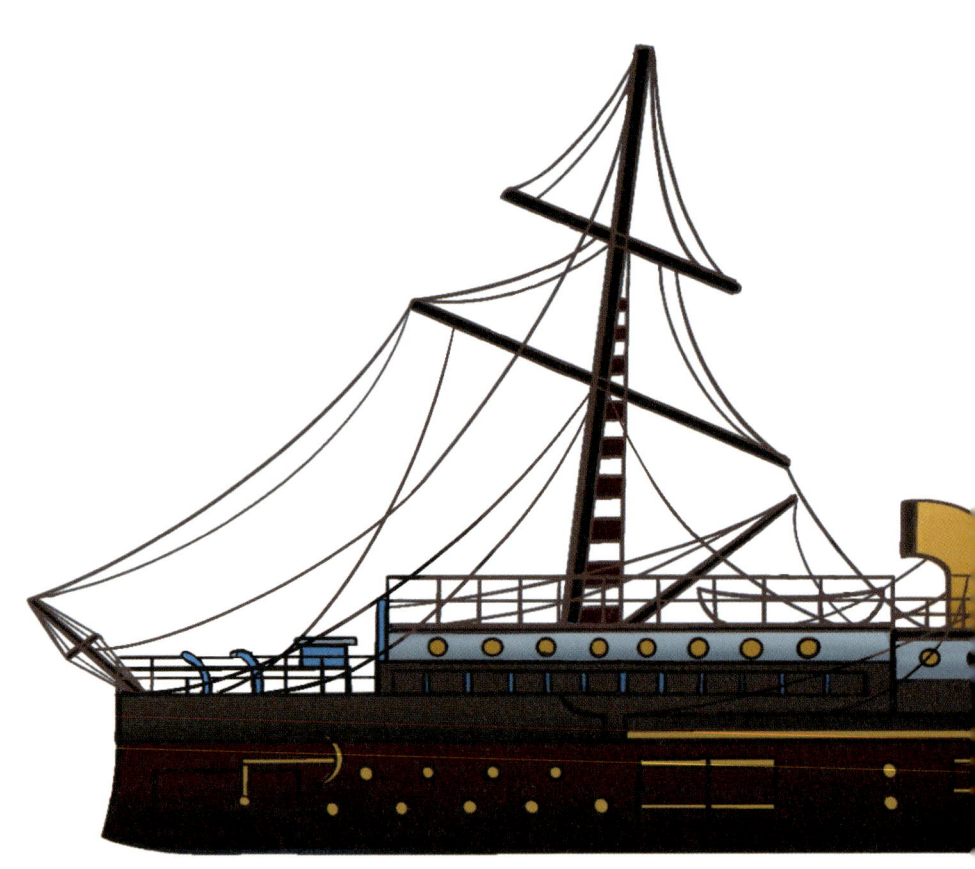

1895年1月20日，日本联合舰队派出25艘战舰和20艘鱼雷艇，对北洋水师威海卫刘公岛据点进行了猛烈的攻击。"威远"舰当时的舰长林颖启率领本舰，以及其余北洋舰只，展现出了顽强的抵御能力，即使最终仍未能逃脱，但他们宁死不屈的精神也令人深深地敬佩。

中国第一艘钢甲舰"平远"号

19世纪末,福州船政局首次尝试自主研发,最终制成一艘全钢甲军舰,受到国内外的广泛认可,成就了中国船舶制造史上的一个里程碑。1894年的甲午海战期间,"平远"舰以出色的表现,两次击中日本的"松岛"号舰。此次战役中有2名船员壮烈牺牲。

然而，受到清政府腐败无能的影响，甲午海战以清朝的战败告终，清政府不得不接受日本的一系列屈辱条约，"平远"舰也在第二年成为日本的"俘虏"。在1904年日俄之间的冲突中，"平远"舰让日本军队取得了巨大的胜利，日本依靠从我国俘虏来的"平远"舰击沉多艘俄罗斯舰艇，同一艘舰艇竟被两用，结局令人震惊也发人深思。

中国第一艘钢甲鱼雷舰"广乙"号

"广乙"舰由船政制机总司魏瀚等人监造,"广乙"号巡洋舰采用铁胁钢壳结构,是一艘鱼雷快船,于1888年1月2日开工,1889年8月28日下水,1890年11月30日竣工。"广乙"号作为首艘穹甲巡洋舰,其技术含量仅次于"平远"号近海防御铁甲舰,高速鱼雷冲击也可视作驱逐舰鼻祖,隶属于广东水师,甲午战前参与操练,后借调北洋水师参战。与其后续姊妹舰"广丙"号也是唯二可考战前换装新式管退速射炮的北洋军舰。

"广乙"舰参加了1894年7月25日的丰岛海战。"广乙"舰虽然只有千余吨，但面对三四千吨的日舰毫不畏惧，明知自己火力不及敌方，仍然趁着早晨的雾气，向敌舰冲去，伺机发射鱼雷。当"广乙"舰接近"秋津洲"号约600米处，准备施放鱼雷时，"秋津洲"号利用速射舰炮猛烈攻击"广乙"号，接连3发炮弹重伤了"广乙"号，致使水兵20余人死伤，鱼雷也无法释放。这时"广乙"号仍在管带林国祥指挥下，与敌舰继续作战。虽然最后被敌人围攻遭重创，自焚于十八岛，但是"广乙"舰面对强敌，舰上官兵英勇作战到最后一刻的精神值得铭记。

中国第一艘猎雷舰"建威"号

"建威"在 1898 年 4 月 7 日动工兴建,1899 年 1 月 29 日竣工,1902 年正式完工,这艘舰被称作"建威"号。"建威"号充分展现了近现代化技术的进程,是魏瀚和杜业尔等当时的海军官兵经过精心设计,全部采用钢制结构建成。"建威"号的钢材采购于法国地中海,但是该舰采用的钢槽、钢板、船桅、船机、锅炉和各种零部件在内的全部钢制产品都是由船政船厂自造产出。该舰船体花费 63.7 万两白银,它的主要动力来源是螺旋桨,航行时速度极快,能够发射各种鱼雷,还配备了先进的导航定位系统、探雷声呐以及远程操纵的灭火设备,以便能够检测、辨认、击沉敌方的潜艇。该船只由优质的玻璃纤维、木材组成,具备良好的隔音、减震以及耐冲击的特点。

在辛亥革命之后，"建威"号和"建安"号舰被编入海军第二舰队，为了纪念起义的胜利，重新命名为"大同"和"自强"号。在抗日战争期间，"大同"号、"自强"号等12艘军舰为阻滞日军沿江进犯，以沉船封江的方式奉献了自己，展现了他们无所畏惧的英勇精神。

　　福建船政除了以上通过克服重重困难，自主研发建造出的英雄船舰，还陆续建造了全国第一艘国产速造军舰"福星"号、全国第一艘自主研发的军舰"艺新"号、全国第一艘国产大型商船"宁绍"号。"宁绍"号也是船政建造的最后一艘轮船。

第一艘折叠式水上飞艇与自制飞机

20世纪初,福建船政的工业制造领域又扩大到飞机制造,并且达到世界领先水平。1907年1月,福建船政员工根据法国图纸制造出折叠式水上飞艇,以厚篷布为船底,船舷及艏、艉都用薄木片,轻如一叶,可坐一人。飞艇能折叠收展,改变形状,面积较小,重量轻,手提背负,开合自如。飞艇本是供战士抢滩登陆、渡江作战用,因当时没有战争迹象,故没有大批量生产。

1917年冬季，当时国内的形势稍稍稳定了些，巴玉藻和王助怀着为祖国的航空事业做出奉献的心愿，毅然决定回国。1918年2月，巴玉藻、王助、王孝丰、曾贻经四位杰出的科学家于福建马尾船政局内，建立了"海军飞机工程处"这一中华民族第一家航空公司，并将其更名为马江海军制造飞机处。经过13年的努力，他们不仅完善了船舶的结构，还开发出17架各种类型的航空器，从传统的教练机到现代的侦察机、轰炸机、舰载机，并得到了广泛的应用。1919年8月，巴玉藻和他的团队通过不懈努力，在精心挑选了国内的材质，并对它的物理特性进行了严格的检验后，借助船政局的现代设备，最终完美地完成了中国第一架水上飞机"甲型一号"的设计，为中国航空事业作出了巨大的贡献。

　　"甲型一号"是一款具有先进技术的水上教练机，其机身由福建当地特色的杉木和樟木制成，搭载着寇蒂斯OX-5型发动机，机体与机翼之间采用钢绳紧密连接，机身外壳覆盖亚麻布，其技术指标和飞行性能达到了当时世界水平。

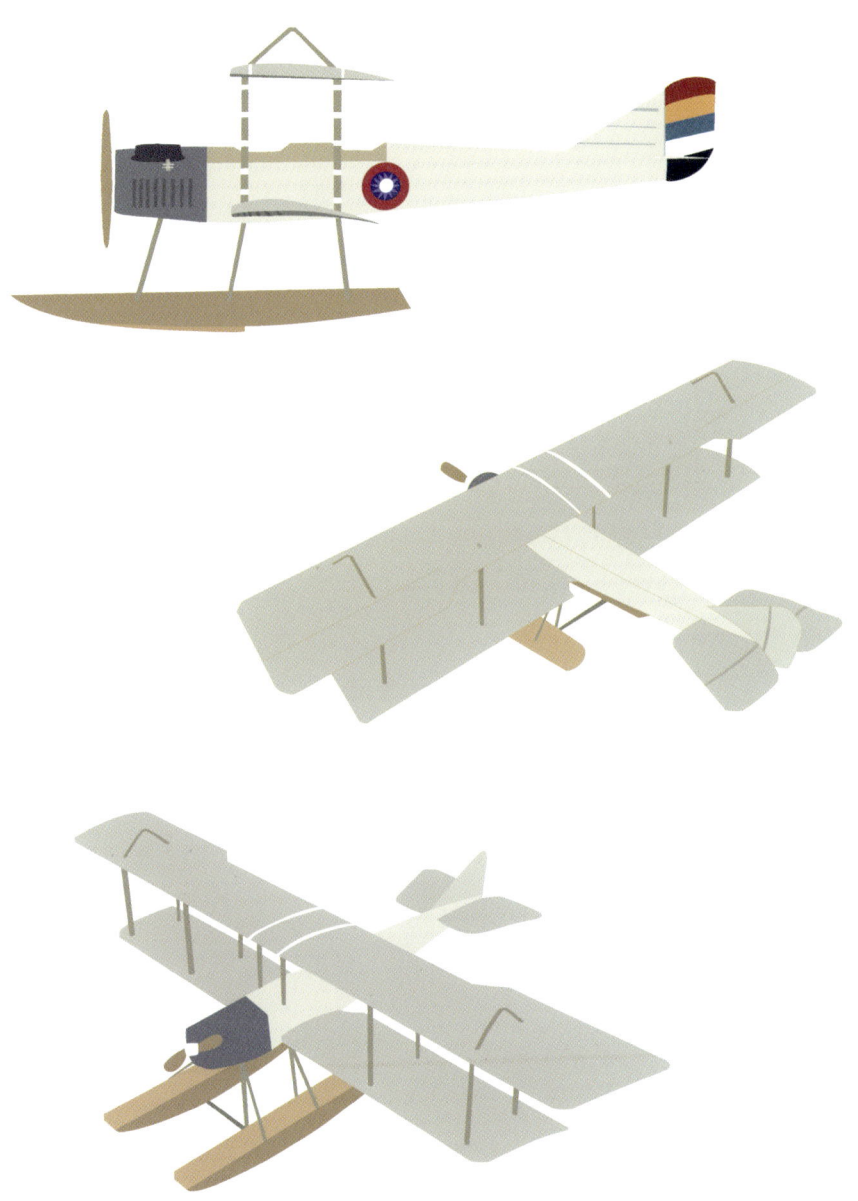

5.2 中国制造肇端之地

1907年，此时的福建船政已经能够设计、建造近代化的舰船以及有关的工业品，大到舰体、锅炉、蒸汽机，小到风帆、缆绳、耐火砖等。"权操诸我"思想，促使我国掌握了近代舰船建造所有的技术，实现了舰船国产化自造不再受制于人。

船政秉持国产自造理念，组建的船政十三厂包含：负责将原木破开为板材的转锯厂；车间面积1440平方米的木模厂；车间面积720平方米的制作航海仪器和船用仪表的钟表厂；制造西式桅杆、舵叶的桅舵厂；制造船用缆绳、船帆的帆缆厂；制造船用小艇的舢板厂；3座木质船台配以40吨起重架；生产造船用铁钉等小型铁件的小铁厂，后为铁胁厂；生产建筑用砖的砖灰厂等。从那时开始，船政工厂开始生产第一台真正有效的蒸汽发动机、起重设备、工具、燃气灶、先进的抽水泵，还有各种金属铸币、高科技的钟表、经纬度计、气压计、望远镜、瞄准镜、火箭弹、潜艇、炸弹等武器，形成了独具规模的近代工业制造之地。

5.3 中国近代教育的发祥之地,科学倡导之首

近代教育就是在规模宏大、布局讲究的海防近代化基地之内孕育而生。在船政建筑群中以人工开挖的护厂河为界,界内是生产厂区,界外是行政、教育、生活区域。在船政创建时就已高度重视教育领域,专门设立新式教育机构,开展工程技术和海军军官教育,开中国新式职业教育之先河,为青年人开辟了一条截然不同的轨道,成为传播科学、孕育新思想的摇篮。

船政学堂以西文教学为主,采取"一师制""快慢班制""奖学金制"等独特制度,并施以"宽进严出"的考评,保证了教学的速度与质量。另外,船政学堂通过引入全新的教学模式,使得中国第一批赴欧洲的留学者得以顺利回国,为中国高素质的科研人员打下坚实的基础,其中包括著名的"铁路专家"詹天佑、"造船大师"魏瀚、"轮机大师"陈兆翱以及教育家林振峰。

船政学校和艺圃以其开放性的教学模式,促进了中西教育的交流与融合,为近代新文化的传播提供了重要的支持。它们还率先引入无线电、通信技术,建立了我国第一家电报学校,架起首条(川淡)海底电信电缆。同时,它们还首次将发光照明设施应用于船舶,以及首次将探照灯、电风扇等应用于日常生活。

走进中国船政文化城,看到一个个文物仿佛穿越了时空,是荣耀,还是悲壮?这些真实的人物和这些真实的故事就这样呈现在人们的面前,让人们铭记着那段船政与"洋务运动"的历史,同时也警醒和激励着现在的青年。

第六章
传承之光

福建船政文化为后人留下诸多宝贵的精神财富和物质财富，这些财富的积累离不开中国人的向海图强、民族复兴和自强意识。随着 21 世纪海上丝绸之路的传承与发展，中国福州的船政文化不断焕发新生，从而形成了一个具有福建地域属性的独特文化体系。福建省也借此机遇，积极探索新的发展模式，努力打造一个具有深厚历史底蕴的新型国际性中转枢纽，建立起一个完善的航行、物资、技术、信息等多方面的国际性服务体系，从而更好地服务于世界各国，实现各国间的友好沟通。

今天的中国船政文化城是一座充满历史文化与时代文化气息，集现代旅游、科技元素、历史建筑于一体的综合载体。它不仅保留了马尾船政的工业遗产资源，还将福建地域特色融入其中，以守护民族文化之魂为己任，打造出一个具有多元功能的港口复合型活力中心，不仅可以满足人们的文化需求，还可以提供休闲度假、商业办公、生态居住等服务，使这座百年船政文化区域重现生机。人们可以跟随海上丝绸之路的步伐，漫步在中国船政文化城区，沉浸式体验船政文化的发展脉络、地域特产与数字科技所带来的独特的文化盛宴。

曾经繁华的马尾港

6.1 中国船政文化与数字科技

中国船政文化城秉持数字中国建设理念,在保护、修缮、储存、展陈、发展、推广等方面都采用了智能数字化的手段。

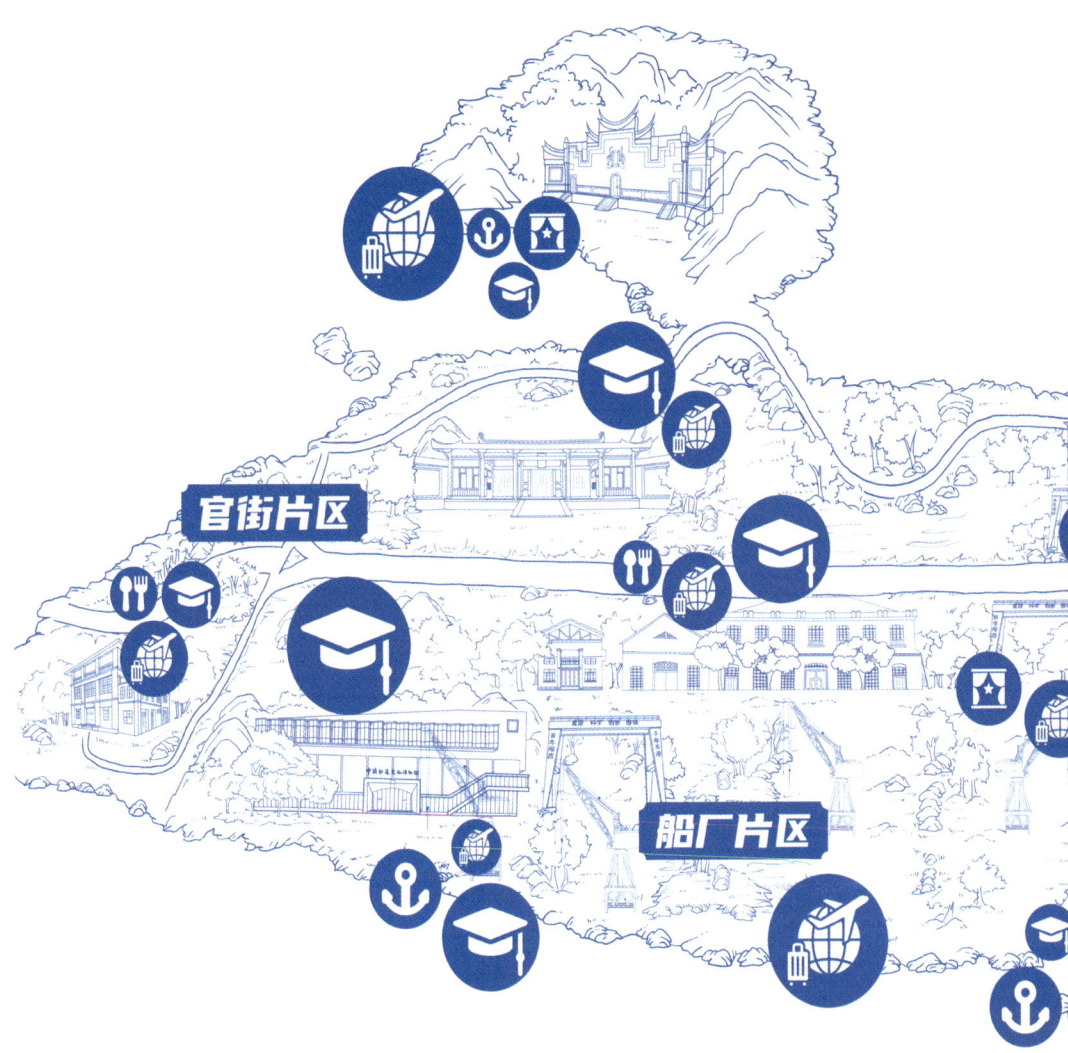

不仅增强了体验的身临其境之感,同时也见证了中国未来科技发展的蓬勃之力。

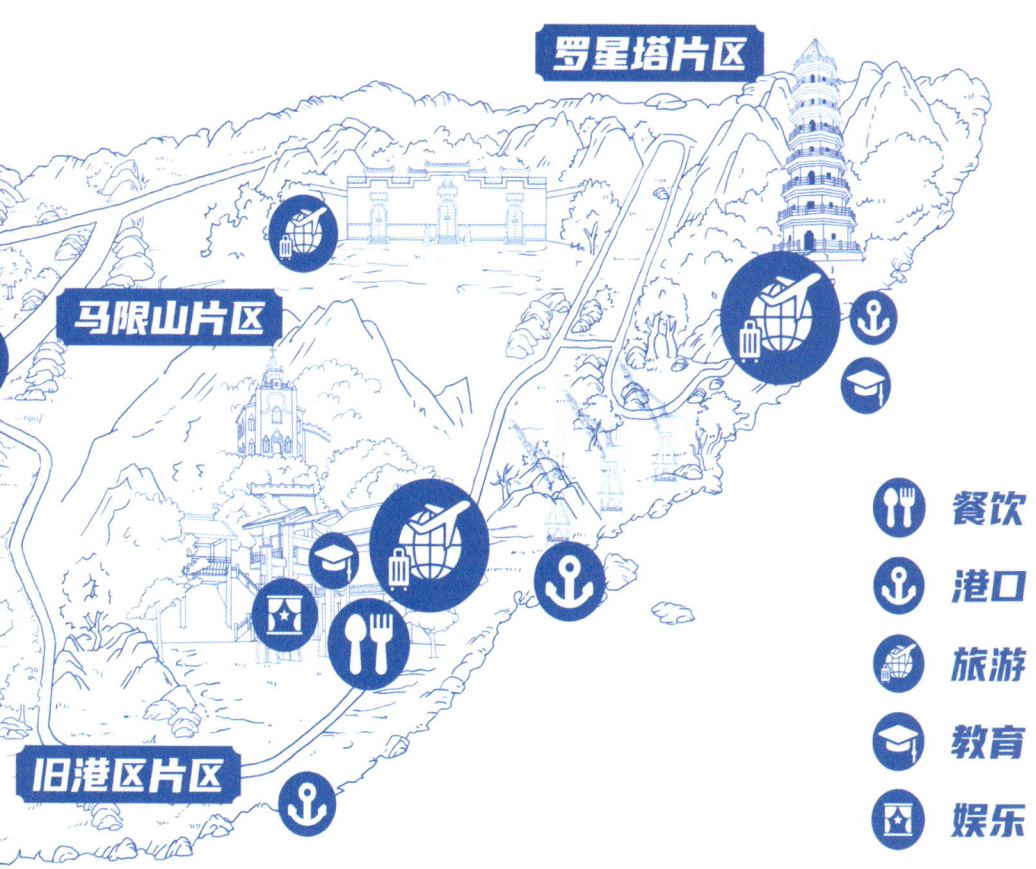

在综合性全覆盖呈现船政文化内核方面，中国船政文化城打造了中国首座折叠渐进式剧场，献上中国首台船政历史题材立体演艺秀《最忆船政》。

这是中国首场海洋强国主题的多维体验剧，整场表演利用最先进的元宇宙技术、多媒体数字艺术、虚拟现实和全息投影等前沿科技，营造出一种全新的、令人惊叹的视觉体验，全面地展现了福州船政的独特魅力与价值，为中国海洋发展注入新的活力。

为了突出船政文化不同领域的核心内容，传递更深刻的精神内涵，船政文化城特意打造了夜景照明项目。此夜景照明项目的打造以高标准、高定位、高品质和高辨识度为目标，设计团队运用从船政遗产中提炼出的照明设计元素，打造多片区、多节点的文化作品，用光影赋予场地全新的内涵，强调"船政文化，向海图强"的核心内容。

中国船政文化城利用马限山人防隧道打造的文化展示空间和便捷通道——饱含船政文化历程的"时空隧道"，连接着中国船政文化城核心区和马限山周边各景点和遗址。"时空隧道"旨在将福州的古老传统以"闽人善舟""海丝枢纽""千年局变"三个章节和"抗日战争期间""建立初期""平安时代""未来空间"四大章节呈现出来，以此来深入展现福州古老的船政文明，并且以全面的视角来把握这一源远流长的传统。除此之外，隧道里还有许多关于自然灾害应对、公共安全等知识的介绍，市民在纳凉的同时还可以重温福州人民抗日战争时期抗击日寇、保家卫国的英雄壮举。隧道内还布置了许多船型模型，让更多人沉浸式体验福州船舰的模型所带来的震撼质感。通过跨越时空的桥梁，我们可以看到福州船政古老的历史背景与现代的科学发展，从而进一步体会到船政文化的精妙之处。

在文物展陈方面,船政文化博物馆同样运用了沉浸式的展陈方式,如二楼的智能沙盘再现了船政十三厂热火朝天的生产场景,而一艘艘国产舰船从建造到下水航行的全过程,也通过实物、图片等形式鲜活地呈现出来。展陈方式结合声、光、电等高新技术手段为游客提供多维度体验,让人"一步百年",流连忘返。又如尾厅设置了一个沉浸式放映厅,在这里游客可以驻足观看曲面屏与灯光呈现的 VR 船政影片,对整个船政文化的脉络与价值有更加深入的了解。

保护修缮后的铁胁厂被活化利用,用于展示船政时期的飞机制造的过程。展陈采用实景化的形式,辅以多媒体技术、三维模型重现等手段详细展示了包括"甲型一号"在内的船政时期飞机制造的步骤、技术、用料等,让市民可以沉浸式体验飞机制造的全过程。展品外围设计了玻璃橱窗罩住钢铁构架,缩短参观距离,既起到保护作用,又不影响文物辨识,还能打造出展示空间。

当人们体验完船政文化城的核心历史区域"放眼看世界"时,最先映入眼帘的是福州马尾自然风貌,其与船政文化在这片独特的地域进行了深度融合,形成了极具特色的景象。

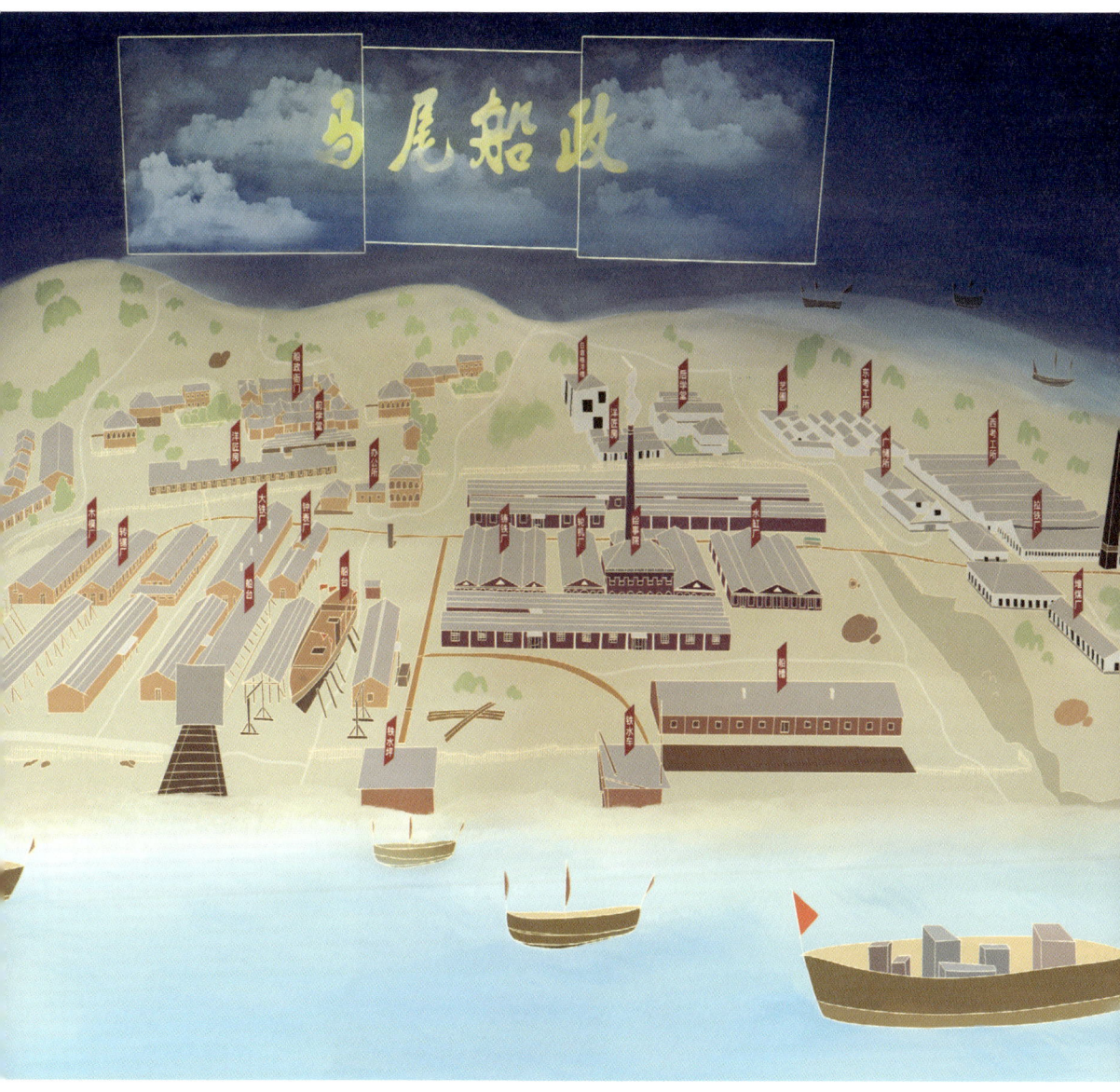

6.2 中国船政文化城的自然风貌

鸦片战争以后，在西方列强侵略日益严重的情况下，清政府内部有识之士掀起了"洋务运动"，仁人志士们开始探索民族的救亡、自强之路。左宗棠、日意格和胡雪岩在1866年夏天进行了一次前所未有的勇敢尝试，他们认为要想有效防止海洋危害并获取利益，必须整顿水师。而要实现这一目标，就必须设局建造轮船，因此他们开始在全国进行设局选址。他们最后选中了福州马尾港口一带，因为此地不仅港口宽阔水深，海口罗星塔一带水质清澈、土壤结实，这一切都是其他港口所没有的，而且在军事上极易守卫，是一处天然的海军基地，又因为这里位于闽江下游、马尾岛东端与台湾海峡之间，融合了八闽之地的特色，使得八闽特产更加具有特色，更加受到人们的喜爱，深深融合着八闽文化的船政文化也随之发展壮大。当人们步入中国船政文化城一定会感受到上述提到的八闽文化中的马尾风俗、特色美食及福建地域特色的各种周边产品所带来的船政文化中独具的地域特色和魅力。

6.3 船政文化与节日信仰

清同治年间在马尾设立总理船政,此举对当地文化信仰多元格局的形成起到了促进作用。马尾岛上的妈祖列岛,在发展过程中逐渐形成了多元文化,涵盖了儒家、释教、道教等。"妈祖"也从幔岐疍民的小群体信仰,发展成为马尾民间信仰最重要的"海神"。

随着时代的变迁,许多人选择继承家族传统,在春节这个重要的节日里,他们会互相赠送"海神"的花灯,并在元宵节的晚上一起放烟火,以表达对"海神"的尊敬和感激。随着时间的推移,"海神"灯已经渐渐地被马尾岛的居民视作一种祈祷幸福、祥和、繁荣的象征。

春节期间，船政衙门和当时全国各地的衙门一样，有专门的过节方式，其中两个重要仪式分别是在衙门大堂举行"封印"和"开印"仪式。所谓封印，一般以农历腊月二十前后为封印日，至迟不晚于腊月二十三，从紫禁城到全国各地的衙门，将象征着衙门权力的官印暂行封存。封印过程会举行仪式，主管官员在部属的簇拥下，举行朝拜大礼，而后将官印收入印匣，贴上封签，表示一年公务的结束。此时，衙门中鞭炮齐鸣，属员们相互道贺，通常还会设宴酬劳。封印日过后，因为无法盖章用印，衙门就转入大致一个月的休假状态，除非有特别紧急的事件，通常不会处理公务。所谓开印，正是来年的正月二十，各衙门在这一天举行开印仪式，去除印匣上的封签，将官印取出，重新启用，同时这一天也是各衙门的团拜日。

回溯百年，当人们站在复建的船政衙门大堂中，既能遥想当日带着"海神"祝福的"封印""开印"会是怎样的一番生动热闹的复苏景象，也能感受沈葆桢等先贤实现自强和求富愿望的决心。

6.4 船政文化与闽菜美食

船政文化的沿袭不仅来自于船政建筑、船政文物与船政节俗，还有很大一部分传承来自当时海军日常、接待等活动中的闽菜美食。船政海军有近95%的人都是福州人，他们都说福州话，吃福州口味，所以闽菜随着船政海军驻防在中国各地，乃至往来各国，逐步更契合近现代的"海军胃口"。闽菜就这般沿江出海，传向各地，因此在很多有关船政、海军的史料中，也留下了有关船政与闽菜的共同记忆。

1908年，美国海军"大白舰队"进行了环球访问，沿途访问的最后一站是福建厦门。当时的清王朝非常重视美军的到来，派遣广东水师提督萨镇冰亲自前往厦门迎候，并为美军备下盛宴，当时闽菜宴请菜单写在了折扇上，体现了中国独特的文化魅力。菜单上有"一品蟹黄""明炉烤甜鸭"等特色菜品，其中一道菜叫"李公杂碎"，因其食材繁多被称为"杂碎"，据说李鸿章曾品尝这道菜后大加赞赏，遂被后人传为李鸿章私房菜，便以"李公杂碎"为名。后来，随着大量闽籍海军官兵北上南下，这道闽菜便传遍大江南北，也是现在"佛跳墙"的雏形。

船政文化城坐落在马尾地区，除了宴请菜式，自然还有很多福州特有的美食，如福州白切鸡。白切鸡是福建福州的传统名菜，属于闽菜系。白切鸡皮爽肉滑，味道鲜美，是老少皆宜的佳肴。此外，马尾粽是福州传统名点之一，已有百年历史。马尾粽的品种很多，有咸粽、豆沙粽、枣泥粽等。马尾粽以其柔软的口感、洁白的颜色、清新的滋味、醇厚的香气，成为一种极具礼仪价值的佳品。另一种传统美食便是被称作"无燕不成宴，无燕不成年"的肉燕，又名"太平燕"，取"太平""平安"之意，也是福州一道著名的特色小吃，在节日期间，人们会把它作为一种祝福，以此来表达对家人的爱。除了以上菜品，船员们闲暇时候喜欢细嚼几颗橄榄提神醒脑。橄榄是福州市的特产，由于当地土壤肥沃、土质疏松，非常适合橄榄的生长，因此福州橄榄果大肉厚，酥脆可口，可以制成各种蜜饯，适合长时间航行时携带。

船政闽菜是闽菜与海军生活特色的融合，也是如今人们回味福州船政历史文化的最好载体。

6.5 中国船政文化城周边旅游

马尾是位于东南沿海、闽江下游北岸的千年古镇,也是全球知名的拥有丰厚文化遗产的贸易枢纽,从唐朝到清朝都曾作为军事要塞和海洋交通枢纽。船政文化城周围的福建第四大岛琅岐岛、白眉村、红蟳公社、龙鼓度假村等都是值得前来打卡参观的旅游胜地。

福建第四大岛——琅岐岛

中国船政文化城周边旅游资源丰富，人文底蕴深厚。所以挖掘和开发充满船政文化脉络、八闽文化特色的福州马尾的文化旅游资源，让人们驻足、了解、探寻，可以更加深刻地感悟与品味船政文化带来的震撼。

红蟳公社

"中国船政文化城"将历史文化的精髓与当代旅游、科技等产业的发展完美结合,将船政文化的古迹、遗址以及独具特色的建筑设施、历史痕迹融入现代的地域特色和科技之中,游客在这里可以尽情体验到"一部船政史,半部中国近代史"的魅力。

龙鼓度假村

白眉村